복음과 종교

이상남 목사 지음

도서
출판 **최선의 삶**

복음과 종교

할렐루야!

만세 전에 비천한 종을 택하시고 구속하사 하나님의 자녀되게 하시고, 시대적 종말에 주의 종으로 부르사 연단하시고 키우시고 전 세계에 복음 전도자와 목회자로 써주시는 성삼위 하나님께 감사와 찬송과 영광을 돌려 드립니다.

지난 40년 간의 성역 기간 동안 1995년 7월은 나에게 있어서 잊지 못할 목회생애에 대 전환점을 가져온 감격과 은혜의 사건이 일어났던 때였습니다. 세계등대교회 소강당에서 자체적으로 모였던 12일간의 새벽특별부흥회 기간에 예기치 못했던 자체적으로 모인 오순절적인 성령의 불 같은 역사가 태풍처럼 휩쓸고 지나가는 동안 담임목사인 부족한 종과 그 집회에 참석했던 당회원들, 제직들과 성도들이 크게 깨어지고 변화되는 성화의 은혜를 체험할 수가 있었습니다.

　그 성령충만함 사건 이후에 성령 하나님께서는 나에게 사탄의 3대 속임수에 관해서 때때로 깨우쳐 주시면서 그 사탄의 속임수를 올바로 교회 모든 성도들에게 일깨워 주라는 강력한 성령의 분부와 감동을 주셨습니다.

　아울러 성령 하나님께서는 사탄의 3대 트릭(속임수) 중에 첫째가 <u>기독교는 예수 그리스도의 생명</u>의 복음임에도 불구하고 그 생명의 복음인 기독교를 <u>종교</u>라는 카테고리(범주) 속에 타종교와 같은 것으로 뭉뚱그려 매도해 넣음으로 말미암아 오늘날 수많은 사람들이 참 복음이신 예수 그리스도 안에서만 얻을 수 있는 속죄구원을 잃어버리고, 사탄이 참 복음이신 예수 그리스도를 믿어 구원받지 못하게 하려고 조작해서 만들어 놓은 <u>참 복음의 모조품</u>인 모든 <u>종교</u>에 속아서 그 안에서 안주하고 살아가고 있는 현실임을 깨우쳐 주셨습니다.

　따라서 성령 하나님께서는 시급히 <u>복음과 종교</u>를 유리쪽처럼 구분해서 가르침으로 각종 종교의 미혹과 미로에 빠져있는 영혼들을 올바른 생명의 복음의 길로 인도하라고 하는 시대적 사명을 분부해 주셨습니다. 그리하여 지난 몇 년 동안 계속 망설이고 기회를 보아 오던 중 교회로부터 금번 여름 특별 저술 기간을 얻은 기회에 뒤늦게 비록 졸작이기는 하나마 "복음과 종교"라는 복된 제목의 복음 서적을 출간하게 되었음을 기쁘게 생각하는 바입니다.

바라기는 이 소책자를 읽는 모든 독자들로 하여금 성령의 특별한 감화감동의 역사로 복음과 종교를 명확하게 갈라 구분할 줄 아는 진리분별의 영적 눈이 활짝 열려질 수 있으시기를 주님의 이름으로 축원하는 바입니다.

이 작은 소품을 주님의 이름으로 사랑하는 나의 조국 한국교회 앞에 드리는 바입니다.

세계등대교회
사랑에 빚진 종 이상남 목사

목차

  서론

  본론 I. 복음의 정의

     II. 복음의 본질

  결론

  서론

  본론 I. 종교의 정의

     II. 종교의 정체

  결론

  서론

  본론 I. 복음과 종교의 시작과 근원의 차이점을 알아야 한다

     II. 복음과 종교의 좁은 길과 넓은 길의 차이점을 알아야 한다

     III. 복음과 종교의 속죄구원의 근거의 차이점을 알아야 한다

  결론

  서론

  본론 I. 우리는 종교다원주의 사상의 잘못된 정체를 올바로 알아야 한다

     II. 우리는 예수님께서 변화산상에서 실물교훈을 통해 계시해 주신 구원의 복음진리를 올바로 알아야 한다

     III. 우리는 왜 오직 예수님만이 구원인가에 대한 절대적인 이유를 올바로 알아야 한다

  결론

복음이란 무엇인가

본문말씀

"하나님이 세상을 이처럼 사랑하사 독생자를 주셨으니, 이는 저를 믿는 자마다 멸망(滅亡)치 않고 영생을 얻게 하려 하심이니라"(요한복음 3:16).

서론

살아 계신 하나님의 말씀이 기록된 성경 66권을 하나의 "큰 복음" 이라고 한다면, 요한복음 3:16은 큰 복음인 성경 66권 말씀의 모든 내용을 단 한 절로 요약해

놓은 이른 바 "작은 복음"이라고 일컬을 수 있다. 기독교는 "종교"가 아니라, 예수 그리스도의 "생명의 복음"이다.

따라서 주님께서는 오늘날 현대 교회 신자들에게 우선적으로 복음과 종교를 유리쪽처럼 명확하게 쪼개고 구분해서 가르치시기를 가장 시급하게 요구하고 계신다. 그 이유는 지난 기독교 2천년 역사상 예수 그리스도의 생명의 복음을 하나의 종교로 전락시키고 변질시키려고 하는 사탄의 간교한 역사와 궤계는 타락한 종교 지도자들을 통해서 계속적으로 시도되어 오고 있기 때문이다.

그러므로 우리 말세 성도들은 무엇보다 복음과 종교에 대한 성서적인 정확한 지식과 올바른 이해가 필요하다. 이와 같은 맥락에서 본 필자는 "복음과 종교"에 대해서 세 단원으로 나누어서 연속적으로 말씀을 파헤치고 정리해 보고자 한다. 먼저 복음과 종교 시리즈 제 1탄으로 "복음"에 대해서 함께 말씀을 살펴보면서 피차 은혜 받고자 한다.

Ⅰ. 복음의 정의
복음이란 무엇인가?

"복음"(Gospel)이란 헬라어로 유앙게리온(Εὐαγ-γέλιον)이라고 하는데 그 뜻은 복된 소식, 기쁜 소식, 좋은 소식(Good News, Best News)을 의미한다. 따라서 일반적인 면에서 볼 때 물에 빠져 죽어가는 사람에게는 그가 빠진 물 속에서 건져내어 준다는 소식이 복음이다. 또한 당장 배고파서 굶어 죽어가고 있는 사람에게는 밥(빵)을 준다는 소식이 복음이다. 아울러 오랫동안 병들어 죽어가고 있는 중환자에게는 그 병을 고쳐준다는 소식이 가장 기쁘고 복된 좋은 복음이 될 수밖에 없다.

이와 같은 맥락에서 볼 때 인류 시조 아담의 범죄 타락 이후 원죄와 유전 죄로 인해서 이 세상 죄인으로 태어나서 일생동안 죄와 그 죄 값인 사망의 노예로 살아가고 있는, 우리 인생들에게 있어서는 하나님께서 그 죄와 사망 가운데서 속죄 구원해 주시기 위해서 이 세상에 구세주〈메시야〉로 보내어 주신 예수 그리스도 자신이 곧 최대의 복음이 아닐 수가 없다.

그러기에 하나님의 종 사도 바울은 고린도전서 15:1-3 말씀을 통해서 복음의 핵심 내용은 예수 그리스도의 죽음과 부활이라는 사실을 명확하게 증거해 주고 있다.

과연 인류 범죄 타락의 역사이래 인간 스스로의 힘으로는 전혀 해결 불가능한 문제는 바로 죄와 그 죄값인 사망의 문제였다. 그래서 인간들은 줄곧 온갖 종교적인 방편으로 죄와 사망의 문제를 해결해 보려고 무수한 노력과 몸부림을 계속해 왔으나 어떤 종교적 시도나 노력으로도 끝내 죄 문제와 사망의 문제를 해결할 수가 없었다.

그런데 놀라운 사실은 하나님께서는 당신의 독생자 예수 그리스도를 이 땅에 구세주로 보내 주셔서, 그 예수 그리스도의 십자가의 죽으심과 흘리신 보혈의 피로 인간의 모든 죄 문제를 해결해 주셨으며, 아울러 사망권세를 정복하시고 3일 만에 다시 살아 부활하셔서 그 부활의 생명으로 인간의 사망 문제를 근본적으로 해결해 주셨다.

그러므로 죄와 사망의 바다에 빠져 있는 우리 인간들에게 예수 그리스도 자신이 곧 최고 최대의 기쁜 소식, 좋은 소식, 복된 소식, 곧 복음 중에 복음이라는 사실을 의심 없이 믿으시기 바란다.

누가복음 2:10-11말씀을 보면, 예수님께서 유대 땅 베들레헴 말구유 간에 탄생하시던 첫 번 성탄의 밤에 하늘의 천사(가브리엘)가 베들레헴 지경에 양 치던 목자들에게 나타나 오늘날 구주로 탄생하신 예수 그리스도 자신이 큰 기쁨의 좋은 소식, 곧 복음이라고 선포해 주고 있다. 또한 로마서 1:2-4말씀에 보면, 복음은 곧 육신으로는 다윗의 혈통에서 나셨고, 성결의 영으로는 죽은 자 가운데서 부활하여 능력으로 하나님의 아들로 인정되신 예수 그리스도 자신이 곧 복음이라는 사실을 명확하게 증거해 주고 있다.

II. 복음의 본질
복음의 본질은 어떤 것인가?

우리가 복음의 본질을 근본적으로 이해하려고 하면

반드시 성경이 말하는 인간과 그 인간을 창조하신 하나님과 그 인간과 하나님 사이에 중보자로 오신 예수 그리스도가 과연 어떤 존재인가? 하는 것부터 분명하게 알아야 하겠다.

1. 인간 → 죄와 사망의 노예로 출생한 본질적인 죄인

성경이 말하는 인간은 인류의 시조 아담의 원죄(유전 죄)로 인해서 이 세상에 태어날 때부터 죄와 사망에 빠진 본질적인 죄인이라고 가르쳐 주고 있다. 그래서 로마서 5:12에 보면 "이러므로 한 사람으로 말미암아 죄가 세상에 들어오고 죄로 말미암아 사망이 왔나니 이와 같이 모든 사람이 죄를 지었으므로 사망이 모든 사람에게 이르렀느니라."라고 말씀해 주고 있다.

그러므로 우리 인간은 세상에 태어나서 죄를 범하므로 죄인이 되는 것이 아니고, 이미 본질적인 죄인으로 태어났기 때문에 어쩔 수 없이 죄를 범할 수 밖에 없는 존재라는 사실부터 바로 알아야 한다(시 51:5 참조).

　그런데 우리들이 이 대목에서 한 가지 꼭 알고 넘어가야 할 사실이 있다. 그것은 곧 우리들이 세상에 육신적으로 태어날 때는 누구나 다 본질적인 죄인으로 태어났지만 예수 그리스도를 구주로 믿고 영접하므로 구원받은 하나님의 자녀들은 누구나 "새로 거듭난 의인"으로 그 신분이 근본적으로 바뀌어졌다는 사실을 분명히 기억해야만 한다(롬 3:23-24 참조).

　우리가 첫 아담의 후손으로 태어나는 순간부터 나 자신이 죄를 범한 것과는 전혀 상관없이 그 아담의 원죄가 나에게 유전 죄로 상속되어지는 것과 마찬가지 원리로 우리가 마지막 아담이신 예수 그리스도의 피로 거듭나는 순간부터 하나님께서는 내 의와는 전혀 상관없이 예수 그리스도의 의를 내 의로 인정해 주신다는 사실을 의심 없이 믿어야 한다. 그렇게 되면 아담과 똑같은 죄인이 예수님과 똑같은 의인으로 그 신분이 완전히 바뀌어진다는 사실을 명심해야 한다.

　그러기에 에베소서 2:3-5에 보면 "전에는 우리도 다 그 가운데서 우리 육체의 욕심을 따라 지내며 육체와 마음의 원하는 것을 하여 다른 이들과 같이 본질상

새로 거듭난 의인

예수 그리스도의 피

진노의 자녀이었더니 긍휼에 풍성하신 하나님이 우리를 사랑하신 그 큰 사랑을 인하여 허물로 죽은 우리를 그리스도와 함께 살리셨고 너희가 은혜로 구원을 얻은 것이라."라고 말씀해 주고 있다.

따라서 이제부터 우리 하나님의 자녀들은 "나는 태어날 때부터 본질적인 죄인이니까, 어쩔 수 없이 죄를 범할 수밖에 없다."라는 사탄이 속임수로 가져다 주는 고정 관념에 절대로 사로잡혀서는 안 된다. 오히려 그 반대로 "나는 이미 예수를 믿음으로 새롭게 거듭난 의로운 하나님의 자녀가 되었으므로 당연히 의를 행하며 살아갈 수가 있다."라고 하는, 복음적인 확신을 가지고 살아갈 수 있기를 주님의 이름으로 축원한다 (고후 5:17참조).

이제 감격스러운 실화 한 가지를 소개해 드리고자 한다. 존 뉴턴(John Newton)은 한때 2백여 명의 부하까지 거느린 두목이었는데 그는 알콜중독자였다. 그는 노예장사를 해서 많은 돈을 모았다.

그런데 그가 한번은 자기가 탄 배가 런던에 정박 중에 시내 한 작은 감리교회에서 열린 전도집회에 참석하게 되었다. 예배를 드리기 위한 것이라기보다는 잔뜩 취한 술김에 사람들이 모여있으니 장난삼아 들어가 본 것이었다. 맨 뒷좌석에 앉아있던 뉴턴은 젊은 전도자가 열심히 땀과 눈물을 흘리며 "탕자의 비유"에 대한 말씀을 전하는 것을 듣게 되었다.

그런데 놀랍게도 성령의 역사로 차차 그의 눈에 눈물이 흐르기 시작했다. 도도하고 교만방자하던 그의 고개가 숙여졌다. 드디어 그토록 허랑방탕하고 돈만 알고 거만했던 존 뉴턴은 땅바닥에 무릎을 꿇고 회개하고 통회하면서 완전히 주님 앞에 돌아와 주님을 영접하고 새사람으로 거듭나게 되었다. 그날 그는 단순히 누가복음 15장에 나오는 탕자의 이야기를 들었을 뿐이다.

그러나 그는 그 말씀을 통해서 탕자와 같은 죄인 괴수인 자기를 향한 하나님의 은혜와 사랑을 깨닫고 자기의 과거를 철저히 회개 청산하고 하나님의 사랑 안에서 살기로 작정하고 새사람으로 새출발하는 인생으로 변화될 수가 있었다. 그리고 그 후에 그는 영감에 넘치는 찬송가 작사자가 되었다. 그리고 그가 자신의 과거를 회상하며 성령의 감동으로 작사한 대표적인 찬송이, 많은 크리스천들에게 유명하게 불리워지고 있는 찬송가 405장이다.

① 나 같은 죄인 살리신 주은혜 놀라와 잃었던 생명 찾았고 광명을 얻었네·················

아멘! 할렐루야!

2. 하나님 → 독생 예수님을 이 세상에 보내어주신 사랑의 하나님

성경이 말하는 하나님은 죄와 사망 가운데 빠진 우리 인간을 속죄 구원하시고자 독생자 예수 그리스도를 이 세상에 보내어 주신 사랑의 하나님이라고 가르쳐주고 있다. 따라서 요한 일서 4:9-10에 보면 "하나님의 사랑이 우리에게 이렇게 나타난 바 되었으니 하나님이 자기의 독생자를 세상에 보내심은 저로 말미암아 우리를 살리려 하심이니라 사랑은 여기 있으니 우리가 하나님을 사랑한 것이 아니요 오직 하나님이 우리를 사랑하사 우리 죄를 위하여 화목제로 그 아들을 보내셨음이니라."라고 말씀해 주고 있다.

여기서 감동스러운 실화 한 가지를 소개해 드리겠다. 한국 시골 어떤 집안에 다섯 아들 가진 형님이 아들 하나도 없는 자기 동생에게 자기 다섯 아들 중 하나를 양자로 주기로 약속했다. 그 날 밤 자기 집으로 돌아와 잠들어 있는 다섯 아들 중 누구를 양자로 보낼까하고 하나하나 차례대로 잠든 아들들의 얼굴을 살펴보았다. 그 결과 첫 아들은 집안의 장남이니까, 둘째는 너무 잘 생기고 머리 좋고 총명하므로, 셋째는 자기 얼굴을 쏙 빼어 닮았으므로, 넷째는 몸이 너무 허약하므로, 다섯째는 아직 어리고 철부지한 재롱둥이 막내아들이므로, 결국 한 아들도 자기 동생의 양아들로 줄 수 없었다고 한다.

그러므로 우리가 로마서 8:32에 "자기 아들을 아끼지 아니하시고 우리 모든 사람을 위하여 내어주신 이가 어찌 그 아들과 함께 모든 것을 우리에게 은사로 주지 아니하시겠느뇨."라고 하신 말씀을 볼 때, 하나님 아버지께서 죄인 괴수 나와 당신을 위해 독생자까지 아낌없이 속죄제물로 희생해주신 그 아가페적인 사랑이야 말로 헤아려 측량할 수 없는 한도 끝도 없는 넓고 크신 사랑임을 알 수가 있다.

3. 예수님 → 하나님과 인간 사이에 이상적인 중보자와 유일한 구세주로 오신 분

　　성경이 말하는 예수님은 이 세상에 구세주로 오셔서 십자가의 죽음과 부활을 통해 인간의 죄와 사망 문제를 해결해주시고 인간의 속죄 구원을 완성하신, 神·人 양성을 겸전하신 가장 이상적이고, 유일하신 중보자라고 가르쳐 주고 있다. 그러기에 마태복음 1:21에 보면 "아들을 낳으리니 이름을 예수라 하라 이는 그가 자기 백성을 저희 죄에서 구원할 자 이심이라 하니라!" 라고 말씀해 주고 있고, 히브리서 9:12 말씀에서 "오직 자기 피로 영원한 속죄를 이루사 단번에 성소에 들어 가셨느니라." 라고 증거해 주고 있다.

　　따라서 우리 인간은 오직 神·人 양성을 겸전하신 유일무이한 중보자이신 예수 그리스도를 통해서만 죄 사함 받고, 구원 받아 천국에 들어가서 영생복락을 누릴 수 있다는 사실을 의심 없이 믿어야 하겠다.

　　그러므로 디모데전서 2:5에 보면 "하나님은 한 분이시요 또 하나님과 사람 사이에 중보도 한 분이시니 곧 사람이신 그리스도 예수라." 라고 선포해 주고 있다. 아멘!

　끝으로 대 부흥사 무디(D.L Moody) 목사의 실화 하나를 소개하고자 한다. 영국 어떤 시골 교회에서 무디 목사님의 부흥회가 열렸는데, 첫날 밤부터 사람들이 초만원을 이루어서 16세 미만의 어린 아이들은 교회당 입장을 금지시켰다. 그래서 12세 쯤 된 한 소년이 거절을 당하여 교회당 입구에 주저앉아 울고 있었다. 그때 마침 무디 목사님이 교회에 도착해서 들어가려고 하다가 이 소년을 발견했다. 무디 목사님은 "너 왜 우니? 집을 잃었니? 배가 고프거나 몸이 아파서 우는 거니? 라고 물었더니, 그 헌 누더기를 몸에 걸친 소년이 "나도 무디 목사님의 말씀이 듣고 싶은데 아이들은 못 들어가게 해요." 라고 대답했다. 그때 무디 목사님은 미소를 지으며 그 어린 소년에게 말했다. "내가 들어갈 수 있는 가장 좋은 방법을 가르쳐주지, 나의 외투 뒷자락을 꼭 잡고 뒤따라 들어오기만 해라." 소년은 무디 목사님의 외투 자락을 꼭 붙잡고 따라 들어갔다. 놀라운 사실은 그 소년은 교회당 입구와 온 교회 가득히 모인 회중석을 무사통과 했을 뿐만 아니라, 목사님들이 올라갈 수 있는 강단 위에까지 올라갈 수 있었다. 어리둥절한 나머지 어쩔 줄 모르고 서 있는 소년에게 무디 목사님은 이렇게 말했다. "얘야! 네 뒤에 있는 저 강대 의자 위에 편안히 앉아서 내 설교를 듣도록 해라! 그러나 단 한 가지 기억해야 할 것은 이 교회강단까지는 내 옷자락만 붙잡고도 들어올 수가 있었지만, 장차 하늘나라 저 천국에는 우리 죄인들의 중보자 되시는 예수님의 십자가를 믿음의 손으로 붙잡지 않고는 절대로 들어갈 수 없다는 사실을 평생 명심하고 살아가야만 한다."

그 후 15년이란 세월이 지나간 후 이 시골 교회에 새로 부임해 온 젊은 목사님이 자기를 소개하면서 "여러분 지금부터 15년 전 무디 목사님의 부흥회 첫 날 밤 외투 자락을 붙잡고 강대 의자 위에까지 올라가 앉아서 은혜를 받았던 그 가난한 소년이 바로 저였습니다. 제가 이 시골 교회에 담임 목사가 되리라고는 상상도 못했습니다. 나의 나 된 것은 하나님의 기적같은 은혜입니다." 그 날 이 젊은 목사의 눈물겨운 간증을 듣고 모든 교인들이 큰 감동과 은혜를 받았다.

우리는 중보자 되신 예수 그리스도의 은혜를 새삼스럽게 감사 드려야 하겠다(요 14:6 참조).

결론

사랑하는 성도 여러분!

이 시간 다시 한번 기억하시기 바란다. 복음이란 무엇인가? 또한 복음의 본질은 어떤 것인가? 사랑의 하나님께서 예수 그리스도를 통해서 죄와 사망 가운데 빠진 우리 인간을 구원해 주셨다고 하는 가장 큰 기쁜 소식, 좋은 소식, 최상의 복된 소식이 곧 복음이라는 사실을 의심 없이 믿으시기 바란다. 아울러 바라기는 이 놀라운 구원의 복음을 듣고 믿고 받아드리므로 구원의 은총을 한 평생 받아 누리시며, 살아가시기를 주님의 이름으로 축원하는 바이다.

"하나님이 세상을 이처럼 사랑하사 독생자를 주셨으니 이는 저를 믿는 자마다 멸망치 않고 영생을 얻게 하려 하심이니라" (요 3:16).

아멘! 할렐루야!

저를 믿는 자마다
멸망치 않고 영생을
얻게 하려 하심이니라

종교란 무엇인가?

본문말씀

"바울이 아레오바고 가운데 서서 말하되 아덴 사람들아 너희를 보니 범사(凡事)에 종교성이 많도다 내가 두루 다니며 너희의 위하는 것들을 보다가 알지 못하는 신에게라고 새긴 단도 보았으니 그런즉 너희가 알지 못하고 위하는 그것을 내가 너희에게 알게 하리라. 우주와 그 가운데 있는 만유를 지으신 신께서는 천지의 주재시니 손으로 지은 전에 계시지 아니하시고 또 무엇이 부족한 것처럼 사람의 손으로 섬김을 받으시는 것이 아니니 이는 만민에게 생명과 호흡과 만물을 친히 주시는 자이심이라"(행 17:22-25).

서론

오늘날 종말 시대를 살아가고 있는 우리 말세 성도들이 긴급하게 반드시 알아야만 할 중요한 사실이 있다. 그것은 곧 "기독교는 종교가 아니라 예수 그리스도의 생명의 복음이라."는 사실이다.

지난 몇 년간 필자의 심령 속에 임재해 계신 하나님의 성령께서 기도할 때마다 뜨거운 감동으로 필자에게 열화와 같이 계속 분부해 주신 말씀이 있다. 그것이 바로 다음과 같은 내용의 말씀이다. "사랑하는 종아! 기독교는 종교가 아니다. 예수 그리스도의 생명의 복음이다. 그럼에도 불구하고 저 간교한 사탄이 참 복음의 모조품인 각종 종교를 만들어 예수 그리스도의 복음을 종교라는 보따리 속에 한 몫 싸잡아 넣어서 매도해 버렸다. 그래서 기독교를 하나의 종교인양 모든 사람들을 계속 속이고 세뇌시켜 오고 있다. 그 결과 지금도 수많은 영혼들을 예수 그리스도의 생명의 복음 안으로 들어오지 못하게 하고 다만 종교라는 미로에서 유리방황 하도록 유도하고 있다. 이것이 범죄 타락한 인간에 대한 간교한 사탄의 가장 큰 속임수와 거

짓된 전략 중에 하나임을 알아야 한다. 그러므로 너는 무엇보다 가장 먼저 저 사탄이 타락하고 변질된 종교 지도자들을 통해서 복음과 종교를 같은 범주로 위장해 버린 사탄의 비밀 흉계를 폭로하고, 예수 그리스도의 생명의 복음을 종교라는 보따리 속에서 유리쪽처럼 쪼개고 갈라내어서 속히 모든 사람들에게 똑바로 가르쳐야만 한다. 왜냐하면 죄와 사망에 빠진 인간들이 종교 믿어 구원 얻는 것이 아니라, 예수 믿어야만 구원을 얻을 수 있기 때문이다

이것이 종말 시대 부름 받은 복음 전도자들을 향하신 성령 하나님의 강력한 메시지요, 긴급한 분부의 말씀으로 받아 드려야 하겠다.

그래서 본문 말씀에도 보면 하나님의 종 사도 바울은 그 당시 아덴 사람들을 향하여 잘못된 종교성으로 인하여 자신들도 알지 못하는 헛된 우상 잡신을 섬겨온 어리석은 미신적인 종교 행위를 버리고, 속히 천지만물과 인생을 창조하신 살아계신 하나님께로 돌아와서 바로 믿고 바로 섬기고 구원을 받으라고 강력하게 선포해 주고 있다. 따라서 이와 같은 맥락에서 볼 때

우리 말세 성도들에게 있어서 복음과 종교를 명확하게 구분할 줄 아는 성서적인 진리의 분별력을 갖는다고 하는 것은 너무나도 중요한 일이 아닐 수가 없다.

그런 의미에서 지난 과에서 "복음과 종교 시리즈" 제 1탄으로 "복음"에 대해서 말씀을 증거한 바 있다. 이제 이번 과에서는 "복음과 종교 시리즈 제2탄"으로 ① 종교란 무엇인가 하는 종교의 정의와 ②종교의 정체는 어떤 것인가 하는 종교의 정체에 대해서 차례대로 말씀을 파헤쳐 가면서 피차 은혜 받고자 한다.

Ⅰ. 종교의 정의
종교(Religion)란 무엇인가?

종교란 무엇인가에 대한 일반적인 용어 해석은 다음과 같이 다양하고 복잡하고 어렵게 나타나 있다.

① 백과사전→종교란 신이나 초자연적인 존재의 능력을 믿고 숭배하여 삶의 평안을 추구하는 정신문화의 한 갈래를 의미한다.

② 국어사전→종교란 초월적 절대자 또는 신성시
　　하는 대상을 경외하는 신념체계를 기반으로 하
　　여 신앙, 기원, 예배의 행위로서 구제, 축복, 해탈
　　을 목적으로 하는 문화 현상의 하나를 의미한다.

③ 성경 대사전→종교란 사람이 인간 이상의 힘이
　　있는 신의 존재를 믿고 이에 대한 경외심, 신뢰
　　심을 가지고서 예배하고, 찬미하며, 복종하고,
　　섬기는 생활을 일컫는다.

그렇다면 과연 성경이 말해주는 "복음적인 면에
서의 종교란 무엇인가?"에 대한 "종교의 복음
적인 정의"를 정확히 파악해야 할 필요가 있다.

성경이 말해주는 종교란 범죄 타락한 인간이 자기
스스로의 노력과 수단 방법으로 죄와 사망의 문제를
해결해 보려는 착각과 어리석은 시도에서 시작된 것
이다.

아울러, 사탄이 죄와 사망에 빠진 인간들로 하여금
참 생명의 복음이신 예수 그리스도를 믿어 구원받지
못하게 하기 위해서 우매한 인간을 통해 참 복음 대신

참 복음을 모방해서 가짜 모조품으로 만들어 놓은 것이 곧 종교다. 결국 종교는 범죄 타락한 인간과 간교한 사탄이 합작해서 만들어 낸 참 복음의 모조품이요 박제품이다. 이것이 곧 성경이 말해주는 종교의 근본 정의이다(행 25:19, 행 26:5, 고후 4:3-4 참조).

특별히 고린도후서 11:3 말씀 즉 "뱀(사탄)이 그 간계로 하와를 미혹케 한 것 같이 너희 마음이 그리스도를 향하는 진실함과 깨끗함에서 떠나 부패할까 두려워하노라."라고 하신 이 말씀을 보면 인간의 범죄 타락도 인간과 사탄의 합동역사요 "종교" 역시 인간과 사탄의 합작품이라는 사실을 재확인할 수가 있다.

II. 종교의 정체
종교의 정체는 어떤 것인가?

우리가 종교의 근본 정체를 파헤쳐 보려고 하면 구약성경에 나타난 종교의 변천의 역사를 복음적으로 추적해 보아야만 한다. 이제 구약성경에 나타난 다섯 가지 사건을 통해 종교의 정체를 파헤쳐 보자.

1. 인류 시조 아담 하와의 범죄 타락의 사건
(창 3장 참조)

인류 시조 아담 하와가 에덴동산에서 금단의 열매 선악과를 따 먹고 범죄 타락한 후 즉시 자기들의 죄악의 벌거벗은 수치를 긴급히 가리기 위해서 무화과 나무 잎으로 치마를 만들어 일시적으로 부끄러운 하체를 가린 행위에서부터 인간 역사 최초의 "자력주의 종교"가 시작된 것을 볼 수 있다. 그러기에 창세기 3:7에 보면 "이에 그들의 눈이 밝아 자기들의 몸이 벗은 줄 알고 무화과 나무 잎을 엮어 치마를 하였더라."라고 말씀하고 있다.

그렇다면 과연, 에덴 의상실에서 만든 무화과 잎 치마(미니스커트)의 아이디어는 누구에게서 나왔을까? 아마도 여자인 하와에게서 나왔을 것이다. 그래서 그런지는 모르겠으나 대부분의 불신 이방인들의 신전에서 드리는 종교 제사나 의식의 깊숙한 이면에는 꼭 여자들이 개입되어 있었다는 사실이 우연의 일치라고만은 보기가 어렵다.

2. 아담의 두 아들 가인과 아벨의 제사 사건
(창 4장 참조)

인류 시조 아담의 첫 아들 가인이 여호와 하나님께 땅의 소산물로 제물을 삼아 여호와께 제사를 드린 행위에서부터 "인간의 인본주의 종교"가 생겨난 것을 볼 수 있다. 그러므로 창세기 4:3-5에 보면 "세월이 지난 후에 가인은 땅의 소산으로 제물을 삼아 여호와께 드렸고, 아벨은 자기도 양의 첫 새끼와 그 기름으로 드렸더니 여호와께서 아벨과 그 재물은 열납하셨으나 가인과 그 재물은 열납하지 아니하신지라."라고 말씀해 주고 있다.

그렇다면 왜 하나님께서는 가인의 제사는 열납치 않으시고 아벨의 제사만 열납하셨을까? 아벨의 제사는 어린 양의 피의 제사였기 때문이다(레 17:11 참조). 그러면 아벨은 하나님께서 피의 제사만을 열납하신다는 복음적인 진리를 언제 누구에게 배우고 전수받았을까? 그것은 곧 자기 아버지 아담으로부터 전수받았을 것이 분명하다. 그리고 한 단계 더 올라가서 그 아버지 아담은 하나님으로부터 피의 복음을 전수받았다는 사실을 성경에서 확인할 수가 있다(창 3:21

참조).

결국 사탄은 하나님께서 열납하시는 예수 그리스도의 피의 복음의 전수자의 혈통을 원천 봉쇄할 목적으로 형 가인을 충동해서 동생 아벨을 때려죽이도록 배후에서 악랄한 살인극을 원격 조정한 것을 알 수 있다 (요 8:44절 참조) .

3. 니므롯의 시날 평지의 바벨 탑 사건
(창 10–11장 참조)

인류 시조 아담 하와가 범죄 타락하므로, 에덴에서 쫓겨난 후 이 세상에 첫 영걸로 등장한 니므롯을 비롯한 범죄 타락한 악한 인간들이 함께 모여 모의와 작당을 해서 하나님의 심판을 대적할 목적으로 시날 평지에 바벨 탑을 쌓다가 하나님께서 언어를 혼잡하게 하므로 온 지면에 흩어진 사건을 계기로 해서 후일에 니므롯을 통한 이른바 "혼합주의 종교"가 온 세계에 만연하게 된 사실을 추적해 볼 수 있다(창 10:8–9, 창 11:1–9 참조). 혼합주의 종교

어떻든 함의 자손 구스의 아들 니므롯을 통한 "혼합주의 종교"에서부터 파생된 잘못된 흐름이 오늘

날 전 세계 종교계와 신학계를 온통 오염시키고 있는 이단사상인 이른바 "종교 다원주의"와 자유주의 신학 사상과 마리아 숭배주의와 가톨릭 사상으로 발전된 것으로 보는 견해가 지배적이다.

4. 아론의 금송아지 우상 숭배의 사건

(출 32장 참조)

이스라엘 백성들이 출애굽해서 광야 생활을 해나가는 도중 모세가 시내산에 올라가 하나님으로부터 두 돌판에 새긴 십계명을 받아 내려오는 동안 아론을 비롯한 이스라엘 백성들이 금송아지 우상을 만들어 그 앞에 제사를 드리므로 하나님의 진노의 심판을 받아 수 천 명이 피를 흘리고 죽는 사건을 통해서 이른바 "우상주의 종교"가 본격적으로 등장하게 된 것을 볼 수 있다(출 32:1-29 참조).

우리들이 아론의 금송아지 숭배의 충격적인 사건 가운데서 특이한 사실 한 가지를 주목해 볼 필요가 있다. 그것은 모세가 금송아지 우상 숭배죄로 하나님의 진노와 멸망을 받을 수밖에 없는 이스라엘 백성들의 엄청난 죄를 속죄받게 하기 위해서 금송아지 우상을

불살라 부수어 가루를 만들어 물에 타서 이스라엘 자
손들에게 마시도록 하는 긴급 처방을 내렸다는 사실
이다(출 32:20 참조).

그런데 우리가 바로 이 대목에서 꼭 집고 넘어 가야
할 놀라운 사실은, 학자들의 실험을 통한 보고에 의하
면 순금(99.99%)을 최고로 뜨거운 불에 태워 세미한
가루로 빻아서 물에 타면 피 색깔과 똑 같은 색깔로
드러난다고 한다.

그렇다면 오늘날 모세의 금송아지 긴급 처방을 통
해서 배울 수 있는 암시적인 실물교훈은 무엇인가? 일
생 돈이라고 하는 황금우상을 섬기고 살아가는 오늘
날 우리 영적 이스라엘 백성들은 누구나 하나님의 어
린 양 되신 예수 그리스도의 속죄 보혈의 피를 먹고
마시지 않고는 영원한 속죄 구원을 받을 수 없다는 성
경 66권에 맥맥히 흐르는 피의 복음의 깊고 오묘한 진
리를 깨닫고 배울 수가 있다.

그러기에 요한복음 6:53-55에 보면 "예수께서 이
르시되 내가 진실로 진실로 너희에게 이르노니 인자

의 살을 먹지 아니하고 인자의 피를 먹지 아니하면 너희 속에 생명이 없느니라 내 살을 먹고 내 피를 마시는 자는 영생을 가졌고 마지막 날에 내가 그를 다시 살리리니, 내 살은 참된 양식이요 내 피는 참된 음료로다."라고 말씀해 주고 있다.

5. 이스라엘 영도자 모세가 시내 산에서 하나님의 율법을 받은 사건
(출 20-24장 참조)

모세가 이스라엘 민족을 이끌고 출애굽해서 광야를 통과하는 도중 하나님의 부르심을 받고 시내산에 올라가 두 차례나 40일 동안 금식 기도하며 두 돌판에 기록한 10계명을 비롯한 율법을 받고 내려온 사건 이후부터 이른바 "율법주의 종교"가 서서히 형성되기 시작한 것을 볼 수 있다(출20-24장 참조). 그래서 오늘날에 이르러서는 유대교, 이슬람교 등 율법주의 종교가 전 세계에 만연되어 있다.

그러므로 이제껏 파헤쳐 본 구약 성경에 나타난 종교의 변화무쌍한 변천의 역사와 정체를 근거로 해서 현 지구상에 현존하는 각종 종교를 유형상으로 분류해 본다면 대략적으로 다음과 같다(단 이것은 학자들마다 견해 차이가 있음을 전제한다).

즉 1) 자력주의 종교 → 유교, 불교, 도교 등.

2) 인본주의 종교 → 자유주의 기독교 등.

3) 혼합주의 종교 → 천주교, 헬라 정교, 러시아 정교 등.

4) 우상주의 종교 → 불교, 힌두교, 무당 종교, 각종 미신 종교 등.

5) 율법주의 종교 → 유대교, 이슬람교(회교) 등 이 파생되어 나왔다.

결론

사랑하는 성도 여러분!

이제껏 파헤쳐 온 성경에 나타난 종교의 정체와 계속 이어져 내려오고 있는 변천 역사와 큰 흐름을 종합 정리해 드리겠다. 저 간교한 원수 마귀사탄은 죄와 사망에 빠진 인간들로 하여금 예수 그리스도의 생명의 복음을 못 믿게 하고 구원받지 못하게 할 목적으로 계속적으로 "종교"라는 미명의 "참 복음의 모조품"만을 개발시켜 왔다.

즉 자력주의 종교에서 인본주의 종교로 인본주의 종교에서 혼합주의 종교로, 혼합주의 종교에서 우상주의 종교로, 우상주의 종교에서 율법주의 종교(선행주의 종교)로 변화 무쌍한 둔갑과 탈바꿈을 계속 시도해 왔다.

그러다가 오늘날에 이르러서는 이슬람교(회교)라는 종교를 중동을 비롯한 전 세계에 확산시켜(전세계 인구의 30% 육박) 사탄의 최후 보루선과 영적 전쟁의 마지막 바리케이드로 삼고 치열한 최후 발악을 전개해 나가고 있는 시점에 이르고 있다(계 12:7-12 참조).

반면 우리 하나님께서는 인류시조 첫 아담의 범죄 타락이후부터 마지막 아담이신 예수님께서 재림하실 때까지 계속적으로 하나님의 어린양 예수님의 피의 복음(보혈의 복음)만 전수시켜 내려 오도록 역사해 오셨다. 단 구약시대는 모형과 그림자로, 신약시대 이후에는 실물과 실제적인 역사로 예수님의 순수한 생명의 피의 복음만을 과거, 현재, 미래까지 일관되게 전수시켜 나감으로써 말미암아 궁극적으로는 땅끝선교의 마지막 장을 해피엔드로 아름답게 장식해 나가게 될 것을 확신하는 바이다(마 24:14 참조). 아멘.

결국 이와 같은 맥락에서 볼 때 현재 전 세계 전쟁의 분화구와 도화선이 되고 있는 중동 전쟁은 알고 보면 믿음의 조상 아브라함의 본처 사라의 소생인 이삭과 아브라함의 첩인 하갈의 소생인 이스마엘과의 전쟁이요 한 걸음 더 나아가 복음과 종교의 전쟁이요, 궁극적으로는 예수님과 루시퍼와의 전쟁으로 집약될 수 있다.

따라서 인류의 최후 전쟁인 아마겟돈 전쟁에서 예수님의 일방적인 승리와 지상 재림과 심판의 역사로 말미암아 급기야는 피로 얼룩진 인류 역사의 장은 닫히고 진정한 평화와 정의와 행복과 사랑과 하나님의 영광이 가득 차고 넘치는 천년왕국의 새 천지가 활짝 열리게 될 것을 확신하는 바이다(계 19:11-21, 20:1-15 참조).

성도 여러분!

이번 과를 통해서 다시 한번 복음과 종교에 대한 확실한 진리를 각자 마음 판에 깊이 새기시기 바란다.

"기독교는 종교가 아니라 예수 그리스도의 생명의 복음이다. 복음은 예수 그리스도 자신이 복음 중에 복음이다. 따라서 모든 인간은 누구나 종교 믿어 구원 얻는 것이 아니라 오직 생명의 복음이신 예수 믿어야만 구원을 얻을 수 있다."

이것이 곧 복음과 종교의 핵심 진리이다.

그러므로 살아 계신 하나님의 말씀인 성경은 이렇게 선포한다. "다른 이로서는 구원을 얻을 수 없나니 천하 인간에 구원을 얻을만한 다른 이름을 우리에게 주신 일이 없음이니라" (행 4:12).

"주여 내가 어떻게 하여야 구원을 얻으리이까? 주 예수를 믿으라. 그리하면 너와 네 집이 구원을 얻으리라" (행 16:30-31).

아멘! 할렐루야!

복음과 종교의 분별법

본문말씀

"너희는 이 세대를 본받지 말고 오직 마음을 새롭게 함으로 변화를 받아 하나님의 선하시고 기뻐하시고 온전하신 뜻이 무엇인지 분별하도록 하라"(롬 12:2).

서론

지금 전 세계는 이상기온으로 인한 엄청난 자연재해를 당하고 있다.

특히 우리의 조국 대한민국은 매년 여름마다 태풍

과 홍수로 인해 막대한 손실과 재난을 겪어 오고 있다. 그런데 큰 홍수가 쏟아지고 나면 반드시 자연계에 하나의 이상현상이 일어나게 되는 것을 볼 수가 있다.

그것은 곧 폭우가 쏟아지고 큰 장마가 지면 질수록 정작 사람들이 먹고 마셔야 할 맑은 샘물은 점점 없어진다는 사실이다. 어쩌면 이와 꼭 마찬가지 현상으로 말세가 되고 곳곳에 하나님의 말씀이 홍수처럼 쏟아지는 때가 바로 우리가 살아가고 있는 시대적 종말인 지금 이때라고들 말하고 있다.

그러나 사실상 이때야 말로 교회 강단마다 순수한 생명수와 같은 원색적인 복음의 샘물은 점점 메말라 가고 있다는 것이 두드러진 종말현상 중에 하나인 것만은 사실이다.

그렇다면 이와 같은 때일수록 우리 종말시대를 살아가고 있는 주의 종들과 성도들은 성경에 나타난 순수한 원색적인 구원의 복음을 올바로 알고 올바로 믿고 올바로 전파하며 살아가야만 한다는 사실을 새삼스럽게 깨달아야만 하겠다.

그런 의미에서 앞에서 두 차례에 걸쳐서 복음과 종교시리즈 제1탄으로 복음에 대해서 말씀을 선포했고 복음과 종교시리즈 제2탄으로 종교에 대해서 말씀을 증거하였다. 따라서 이번 과에서는 복음과 종교시리즈 제3탄으로 복음과 종교를 어떻게 분별할 수 있는가? 하는 "복음과 종교의 분별법"에 대해서 말씀을 강론하면서 피차 은혜를 받고자 한다.

값비싼 보석을 팔거나 사는 사람들에게 있어서 가장 중요한 것은 가짜 보석과 진짜 보석, 진품과 모조품을 올바로 감정하고 가려내고 분별해 내는 일이라고 할 수 있다. 본문말씀 로마서 12:2에 보면 하나님의 종 사도 바울은 "너희는 이 세대를 본받지 말고 오직 마음을 새롭게 함으로 변화를 받아 하나님의 선하시고 기뻐하시고 온전하신 뜻이 무엇인지를 분별하도록 하라."라고 말씀해 주고 있다.

그러므로 오늘날 종말시대 성도들이 올바른 구원을 이루어나가기 위해서는 무엇보다 먼저 복음과 종교를 올바로 분별할 줄 아는 정확한 성서적 지식과 영적 분별력이 있어야 하겠다. 따라서 우리 종말시대 성도들이 복음과 종교를 올바로 파악하고 분별하려면 다음과 같은 복음과 종교의 세 가지의 근본차이점을 알아야만 한다.

Ⅰ. 복음과 종교의 시작과 근원의 차이점을 알아야 한다.

1. 복음은 거룩하시고 자비로우신 하나님의 아가페적인 사랑의 심장에서부터 시작되어 구약시대 수많은 선지자들과 신약시대 독생자 예수 그리스도를 통해서 이 세상에 선포된 구원의 복된 소식이 곧 복음이다. 그러므로 요한일서 4:9-10에 보면 "하나님의 사랑이 우리에게 이렇게 나타난바 되었으니 하나님이 자기의 독생자를 세상에 보내심은 저로 말미암아 우리를 살리려 하심이니라, 사랑은 여기 있으니 우리가 하나님을 사랑한 것이 아니요, 오직 하나님이 우리를 사랑하사 우리 죄를 위하여 화목제로 그 아들을 보내셨음이니라."라고 말씀해 주고 있다.

결국 복음은 죄와 사망에 빠진 인간들로 하여금 예

수 믿고 구원받게 하시려는 하나님의 사랑에서 시작
된 것이다.

2. 종교는 사악한 사탄의 간계로부터 시작되어 범
죄타락한 우매한 인간을 통해서 참 복음의 모조품으
로 이 세상에 나타난 것이 곧 종교이다. 그러기에 디
모데전서 2:13-14에 보면 "이는 아담이 먼저 지음을
받고 이와가 그 후며 아담이 꾀임을 보지 아니하고 여
자가 꾀임을 보아 죄에 빠졌음이니라."라고 말씀하고
있고, 고린도후서 4:3-4에도 역시 "만일 우리 복음이
가리웠으면 망하는 자들에게 가리운 것이라 그 중에
이 세상 신이 믿지 아니하는 자들의 마음을 혼미케 하
여 그리스도의 영광의 복음의 광채가 비취지 못하게
함이니 그리스도는 하나님의 형상이니라."라고 말씀
해 주고 있다.

결국 종교는 이와 같이 사망에 빠진 인간들로 하여
금 예수의 복음을 믿지 못하게 하고 구원받지 못하게
하려는 사탄의 간계에서 시작된 것이다.

그러므로 복음과 종교의 시작과 근원을 비교

분석해 보면 결국 복음이 변질되거나 타락해서 종교가 된 것도 아니고 그렇다고 종교가 발전하고 개량이 되어서 복음이 된 것도 절대로 아니라 아예 처음부터 복음과 종교는 그 근원을 달리하고 있다는 사실을 발견할 수 있다.

따라서 복음은 처음부터 하나님으로부터 시작되었고, 종교는 처음부터 사탄 마귀로부터 시작되었다는 사실을 알아야 하겠다.

II. 복음과 종교의 좁은 길과 넓은 길의 차이점을 알아야 한다.

1. 복음은 좁은 문, 좁은 길이므로 그리로 들어가는 자가 매우 적다.

우리 주님은 마태복음 7:13-14의 말씀을 통해서 "좁은 문으로 들어가라 멸망으로 인도하는 문은 크고 그 길이 넓어 그리로 들어가는 자가 많고 생명으로 인도하는 문은 좁고 길이 협착하여 찾는 이가 적음이니라.”라고 좁은 문과 넓은 문에 대해서 말씀해 주셨다. 바로 예수님께서 말씀하신 좁은 문은 복음의 문을 의미해 주신 것이고, 넓은 문은 종교의 문을 의미해 주신 것이다.

따라서 예수님께서는 생명으로 인도하는 복음의 문은 좁고 그 길이 협착하여 찾는 사람이 매우 적을 것이라고 말씀해 주셨다(마 7:14 참조). 그렇다면 왜 복음의 문을 좁은 문이라고 지적해 주셨을까? 그 근본적인 이유는 참 복음이신 예수 그리스도를 믿고 따르려면 먼저 자기 자신을 십자가에 못박아 죽이는 자기 희생의 생활이 전제적으로 요구되기 때문이다. 그러기에 마태복음 16:24의 말씀에 보면 “이에 예수께서 제자들에게 이르시되 아무든지 나를 따라오려거든 자기를 부인하고 자기 십자가를 지고 나를 좇을 것이니라.”라고 교훈해 주고 있다(갈 2:20 참조).

2. 종교는 넓은 문, 넓은 길이므로 그리로 들어가는 자가 매우 많다.

예수님께서는 마태복음 7:13 말씀에 “멸망으로 인

도하는 문은 크고 그 길이 넓어 그리로 들어가는 자가 많으니라.”라고 교훈해 주셨다. 그렇다면 왜 멸망으로 인도하는 종교의 문은 넓은 문, 넓은 길이므로 그리로 들어가는 자가 많다고 교훈해 주셨는가?

그 근본적인 이유는 모든 종교는 누구나 적당히 믿고 적당히 살면서 종교의 제도나 의식이나 형식을 겉치레만 흉내내면서 살아갈 수 있기 때문이다. 그러기에 마태복음 15:7-9에 보면 “외식하는 자들아 이사야가 너희에게 대하여 잘 예언하였도다 일렀으되 이 백성이 입술로는 나를 존경하되 마음은 내게서 멀도다 사람의 계명으로 교훈을 삼아 가르치니 나를 헛되이 경배하는도다 하였느니라 하시고.”라고 말씀해 주고 있다.

이와 같은 이유 때문에 대부분의 사람들이 전도 받고 교회에 나와서는 넓고 평탄한 종교의 길을 선택해서 걷고 있는 실정이다. 따라서 현대교회 교인들의 대략 50% 이상은 사실상 종교인들로 볼 수 있다. 우리가 이 대목에서 한 가지 꼭 알아야 할 사실은 복음의 길은 시작은 좁고 협착한 십자가의 고난의 길이지만 마지막 종착역은 가장 영광스럽고 복된 천국이라는 사실이다.

그러나 반대로 종교의 길은 시작은 넓고 평탄한 것 같으나 그 마지막 종착역은 영원히 꺼지지 않는 유황불 타는 지옥이라는 사실을 명심해야 한다. 그러기에 잠언 14:12에 보면 "어떤 길은 사람의 보기에 바르나 필경은 사망의 길이니라."라고 말씀해 주고 있다.

그러므로 결국 사탄은 종교라는 미명의 올가미로 인간들의 영혼을 사로잡고 속박해서 죄와 사망의 길로 유도하고 미혹게 하고 있다. 그러나 예수님께서는 생명의 복음과 성령으로 하나님 자녀들의 영혼을 죄와 사망에서 구원하시고 해방시키시는 역사를 계속해 나가신다. 그러기에 고린도후서 3:17에 보면 "주는 영이시니 주의 영이 계신 곳에는 자유함이 있느니라."라고 말씀해 주고 있다.

과연 종교는 인간을 속박하고 괴롭히지만 복음은 인간을 자유케하고 구원해 준다.

죄와 사망에서
구원하시고
해방시키시는 역사

Ⅲ. 복음과 종교의 속죄구원의 근거의 차이점을 알아야 한다.

1. <u>복음</u>은 범죄 타락한 인간의 속죄 구원의 근거를 십자가에서 흘리신 하나님의 독생자 예수 그리스도의 보혈에 두고 있다.

이러므로 히브리서 9:11-12에 보면 "그리스도께서 장래 좋은 일의 대제사장으로 오사 손으로 짓지 아니한, 곧 이 창조에 속하지 아니한 더 크고 온전한 장막으로 말미암아 염소와 송아지의 피로 아니하고 오직 자기 피로 영원한 속죄를 이루사 단번에 성소에 들어가셨느니라."라고 말씀해 주고 있다.

2. <u>종교</u>는 금욕주의, 선행주의, 고행주의 등을 통해서 정신적인 수양과 도를 닦음으로써 인간의 속죄 구원의 근거를 인간 자신의 공적에 두고 있다. 그러기에 누가복음 18:11-12에 보면 "바리새인은 서서 따로 기도하여 가로되 하나님이여 나는 다른 사람들 곧 토색, 불의, 간음을 하는 자들과 같지 아니하고 이 세리와도 같지 아니함을 감사하나이다 나는 이레에 두 번

씩 금식하고 또 소득의 십일조를 드리나이다 하고.”라
고 말씀해 주고 있다.

그러므로 결국 성경의 대 주제는 “하나님의 독생
자 예수 그리스도의 십자가 보혈을 통한 속죄
구원이다.”라고 그 정의를 내릴 수가 있다.

과연 하나님의 어린양 예수님의 속죄구원의 보혈의
강은 창세기에서부터 요한계시록까지 모든 말씀의 중
심 깊숙이 맥맥히 흐르고 있다. 그러므로 성경의 시작
인 창세기에 보면 범죄 타락한 인류의 시조 아담, 하
와가 양의 피로 물든 양가죽 옷을 입고 에덴 동산에서
쫓겨나는 장면에서부터 인간의 비극적인 타락의 역사
가 시작되고 있다(창 3:21 참조).

그런가 하면 성경의 마지막인 요한계시록을 보면
구속받은 성도들이 하나님의 어린양의 피옷을 입고
하나님의 영광스러운 시온산 보좌 앞에 서서 찬송과
영광을 돌리는 것으로서 파란만장하던 인간구속의 역
사가 극적으로 회복되고 잃었던 실낙원이 다시 복낙
원으로 만회가 되는 감격스러운 장면을 볼 수가 있다

(계 7:9-14 참조).

　이제 이상과 같은 맥락에서 볼 때 궁극적으로 복음과 종교를 정확하게 유리쪽처럼 쪼개고 분별할 수 있는 대원칙은 오직 한 가지 뿐이라는 결론에 도달하게 된다. 즉 하나님의 어린양 예수님의 피(피=생명)가 있느냐? 없느냐? 하는 것이다(레 17:11, 히 9:22 참조). 따라서 베드로전서 1:18-19의 말씀에 보면 "너희가 알거니와 너희 조상의 유전한 망령된 행실에서 구속된 것은 은이나 금같이 없어질 것으로 한 것이 아니요 오직 흠 없고 점 없는 어린 양 같은 그리스도의 보배로운 피로 한 것이니라."라고 천명해 주고 있다.

　따라서 예수 그리스도의 십자가의 피(생명) 공로 위에 세워진 순수한 생명의 복음은 전혀 없고 다만 종교적인 교리, 의식, 형식, 정통, 제도, 조직, 건물만 자랑하는 모든 종교는 한낱 사탄이 범죄 타락한 인간과 합동작전으로 조직해서 만든 참 생명이 없는 가짜 복음의 모조품과 박제품에 불과한 것이다.

　그러므로 오늘날 우리 성도들의 속죄 구원과 신앙생활은 오직 하나님의 어린양 예수님의 피(생명)를 믿느

하나님의 어린양
예수님의 피(생명)

냐? 안 믿느냐?에 그 승패가 전적으로 좌우된다는 사실을 올바로 깨달아야 할 것이다(출 12:13, 고전 5:7, 엡 1:7 참조).

이제 끝으로 생생한 감동에 넘치는 일화 하나를 소개해 드리고 본 장을 끝맺고자 한다.

아프리카 어느 부족 원주민이 추장의 노여움을 산 결과 추장은 그를 사형시킬 것을 명령하였다. 이제 곧 사형에 처해지게 될 그 사람을 구하기 위해서 그 부족을 전도하려고 간 선교사가 추장에게 값비싼 선물까지 주면서 아무리 간청했으나 거절당하고 말았다. 드디어 추장은 부하들을 시켜 활을 쏘아 그 원주민을 사형집행하려는 순간 쏜살같이 선교사가 뛰어들어 그 원주민 대신 화살을 가슴에 맞고 심장에 피를 쏟고 죽어가면서 그 추장에게 원주민을 살려 줄 것을 마지막 순간까지 호소하다가 끝내 숨을 거두고 말았다. 그 광경을 지켜 본 그 추장은 더 이상 견딜 수 없는 뜨거운 감동을 받고 그 원주민을 즉시 용서하고 살려주었다. 그 뿐만 아니라 그 추장도 그 원주민도 그 부락의 모든 부족들도 예수님을 믿고 영접하므로 구원을 받았다. 그리고 그 후에 죽음의 자리에서 극적으로 구출을

예수님을 믿고 영접
하므로 구원을 받았다

받은 그 원주민은 선교사님의 피의 은혜를 보답키 위해 자기 자신도 선교사로 일생을 헌신했다는 눈물겹고 감격스러운 일화가 전해지고 있다.

찬송가 184장

① 나의 죄를 씻기는 예수의 피밖에 없네. 다시 성케 하기도 예수의 피밖에 없네. 예수의 흘린피 날 희게 하오니 귀하고 귀하다. 예수의 피밖에 없네.

아멘! 할렐루야!

결론

사랑하는 성도 여러분!

우리 모두 다시 한번 복음과 종교에 대한 성경적인 올바른 진리를 기억하시고 명심하시기를 바란다.

"기독교는 종교가 아니라 예수 그리스도의

생명의 복음이다" (눅 2:10 참조).

　"복음은 예수 그리스도 자신이 복음이시고,
그 예수가 곧 구원이시다" (마 1:21 참조).

　따라서 절대로 종교 안에 구원이 있는 것이 아니고
오직 예수 안에서만 속죄 구원이 있다는 사실을 분명
히 믿으시기 바란다.

　그러므로 인간은 누구든지 종교를 믿어 구원얻는
것이 아니다. 오직 복음이신 예수 그리스도를 각자 마
음속에 나의 구주, 나의 왕으로 믿고 영접해 드릴 때
만이 속죄구원을 받을 수가 있다. 아울러 예수 그리스
도를 구주로 믿고 거듭난 자만이 이 땅 위에서 하나님
의 자녀로 복 받고 살다가 장차 저 천국에 들어가서
성삼위 하나님과 함께 영원히 영생복락을 누리며 살
아가게 될 것을 의심없이 믿고 확신하시기를 주님의
이름으로 축원하는 바이다.

　"하나님이 세상을 이처럼 사랑하사 독생자를 주셨
으니 이는 저를 믿는 자마다 멸망치 않고 영생을 얻게

하려 하심이니라" (요 3:16).

"주 예수를 믿으라! 그리하면 너와 네 집이 구원을 얻으리라" (행 16:31).

구원은 오직 예수

본문말씀

"다른 이로서는 구원을 얻을 수 없나니 천하 인간에 구원을 얻을 만한 다른 이름을 우리에게 주신 일이 없음이니라 하였더라" (행 4:12).

서론

인류의 시조 아담 하와의 범죄타락 이후 죄와 사망에 빠져 죽어가고 있는 우리 인생들에게 가장 절박하고 긴요한 근본문제는 어떻게 하면 죄와 사망에서 구원

죄와 사망에 빠져
죽어가고 있는 우리
인생들에게 가장 절박하고
긴요한 근본문제

을 받느냐 하는 것이다. 그러기에 사도행전 16장 30절 말씀에 보면 빌립보 감옥의 옥사장이 하나님의 종 바울과 실라에게 이렇게 절규하고 있다. "선생들아! 내가 어떻게 하여야 구원을 얻으리이까?" 이와 같은 절규와 인생의 근본 문제에 대한 질문은 인류역사가 존속하는 한 계속될 물음이다.

'내가 어떻게 하여야 구원을 얻으리이까?' 라는 질문에 대하여 하나님의 종 사도바울은 사도행전 16장 31절 말씀에 다음과 같은 명쾌한 해답을 주고 있다. "주 예수를 믿으라! 그리하면 너와 네 집이 구원을 얻으리라."

우리는 이 말씀을 통해서 오직 예수 그리스도만이 우리 인생을 죄와 사망으로부터 구원해 주실 수 있는 유일한 구세주가 되신다는 사실과 아울러 "구원은 오직 예수"라는 성서적인 만고불변의 진리를 재확인해야만 하겠다. 따라서 우리는 구원은 오직 예수라는 절대절명의 복음진리를 재확인하기 위해서 다음의 세 가지 사실을 반드시 알아야 하겠다.

Ⅰ. 우리는 종교다원주의 사상의 잘못된 정체를 올바로 알아야 한다.

오늘날 전세계 종교계는 이른바 종교 혼합주의, 종교다원주의 신학사상으로 극심한 영적혼란에 빠져 들어가고 있는 현실을 지켜보면서 매우 우려하지 않을 수가 없다. 지금 전세계적으로 걷잡을 수 없이 팽배해가고 있는 종교다원주의의 근원을 소급해 올라가 보면 고대 그리스의 철학자들의 철학 방법론에서 시작되어 제2차 세계대전 이후부터 비교종교학자들과 자유주의 신학자들에 의해 발전되어 나오다가 급기야는 종교통합운동으로 본격화 되기에 이르렀다.

　따라서 종교다원주의의 기본논리는 다음과 같다. "예수는 하나의 위대한 종교지도자로서 다른 종교의 지도자들과 본질상 같다. 그러므로 기독교만이 구원이 있는 것이 아니고 어떤 종교도 그 나름대로 구원의 계시가 있고 구원의 길이 있다."라고 하는 혼합주의적 이단사상이 곧 종교다원주의라고 할 수 있다. 결국 모든 종교는 본질적으로 동일하다는 논리이다.

한때 가톨릭 세계에서 성녀처럼 추앙을 받았던 이미 고인이 된 테레사 수녀는 "산꼭대기는 하나지만 그 산꼭대기로 올라가는 길은 여러 가지 길이 있을 수 있다. 이와 마찬가지로 천국은 하나지만 그 천국으로 올라가는 길은 여러가지 길이 있을 수 있다. 따라서 그 어떤 종교도 경지에 이르면 다 천국에 들어갈 수 있다."라고 주장하고 역설하므로 종교 다원주의의 논리를 부추겨 준 바 있다. 그러나 사실상 "천국은 천국이요 산꼭대기는 산꼭대기일 뿐 결코 천국을 산꼭대기와 동일시 해서는 안된다."라는 전제를 바로 알아야 한다. 또한 하나님의 독생자로 사람의 몸을 입고 이 땅에 탄생(성육신)하신 예수 그리스도와 죄인의 후손으로 이땅에 혈육을 입고 출생한 인간성현들이 본질적으로 똑같을 수가 없다(요 14:6 참조).

가령 세계 4대 성현들을 구태여 비교한다면 석가모니, 마호메트, 공자 같은 성현들은 땅에서 백두산(?)에 보통 사람들보다는 좀더 먼저 올라간 분들이라고 본다면 예수님은 하늘에서 직접 백두산에 내려오신 분으로 비교해 볼 수 있다.

최근에 한국 기독교계를 대표할 만한 큰 비중을 가

진 모 교회 모 목사가 모 대학원 특강에서 다음과 같은 종교다원주의적 발언을 선포하므로 큰 파문을 일으킨 바 있다. "기독교든 불교든 이슬람교든 모든 종교는 다 평등하다." "불교의 가르침과 기독교의 가르침 중 같은 것이 매우 많다. 따라서 일부 목회자들이 기독교에만 구원이 있다고 말하는 것은 유아독존적인 생각이다." "불교와 기독교는 똑 같다. 부처의 자비와 기독교의 사랑이 같다는 것이다."라고 말해 참석한 스님들로부터 기립박수를 받기까지 했다. 그는 "불교가 한국의 장자 종교로서 포용력을 보여 주었기 때문에 한국사회는 종교간에 평화가 유지된다." "자신도 독실한 불교집안에서 출생했고, 아버지는 선불교를 신봉했기 때문에 불교를 친정집처럼 생각한다." "기독교에서 그리스도가 마음 안에 있다는 말씀이나 불교에서 '마음이 곧 부처라' 는 말은 표현만 다를 뿐 결국 성경과 불경의 가르침은 하나요 같은 말이다. 불교는 불교의 구원이 있고 기독교는 기독교의 구원이 있기 때문에 상대종교를 비판하는 것은 예수도 부처도 원치 않을 것이다." 자신은 케이블 불교 방송을 자주 시청한다. "기독교에서 깨닫지 못하는 것을 불교강의를 들으면서 많은 것을 깨닫기 때문이다."

그 목사가 왜 그런 내용의 특강을 했어야만 했는지 그의 근본의도나 그때 상황은 알 길이 없다. 하나님만이 아실 것으로 믿는다. 그러나 만에 하나라도 과연 그의 발언이 인터넷이나 신문기사에 기재된 내용 그대로라면(?) 한국교회의 장래는 암담할 뿐이다.

어떻든 오늘날 자유주의적인 어떤 유명한 신학자나 목회자나 또한 복음진리에서 탈선하고 변질된 어떤 유명세 있는 목사가 무엇이라고 해괴망측한 궤변이나 종교다원주의적인 논리를 주장하든 전혀 상관없이 살아계신 하나님의 말씀이 기록되어 있는 성경은 본문 사도행전 4:12의 말씀을 통해 이렇게 선포해 주고 있다. "다른 이로서는 구원을 얻을 수 없나니 천하 인간에 구원을 얻을 만한 다른 이름을 우리에게 주신 일이 없음이니라." 아멘.

그러므로 차제에 성경에 나타난 원색적인 구원의 복음을 재확립하고 재확인해야만 하겠다.

"기독교는 종교가 아니라 생명의 복음이요 복음은 예수 그리스도 자신이 복음이시다. 그러므로 종교 믿어 구원 얻는 것이 아니라 오직 예수님을 믿음으로만 구원을 얻을 수 있다” (눅2:10-11; 롬1:2-4 참조). 이것이 바로 일보도 양보할 수 없는, 성경이 말하는 정확한 원색적인 구원의 복음의 핵심이다.

오직 예수님을 믿음으로만 구원을 얻을 수 있다

II. 우리는 예수님께서 변화산상에서 실물교훈을 통해 계시해 주신 구원의 복음진리를 올바로 알아야 하겠다.

누가복음 9: 28-36의 말씀에 보면 예수님께서 사랑하는 세 제자 베드로, 야고보, 요한을 데리시고 유대 갈릴리 남방에 위치한 해발 562m나 되는 다볼산상에 올라가셔서 함께 기도하던 중 놀랍고도 신비한 변화의 체험을 하게 된 사실을 소개해 주고 있다. 주님께서는 변화산 성회에서 나타난 신비하고 놀라운 광경을 통해서 사랑하는 제자들에게 구원의 기본적인 도리를 실물교훈을 통해 가르쳐 주셨다.

(※) 변화산상에 등장한 세 분의 인물들을 살펴보면

① 모세는 구약율법의 대표자이며, ② 엘리야는 구약선지 예언자들의 대표자이시며, ③ 예수님은 신약복음의 대표자로 등장하셨다.
※ 사실상 성경 66권의 핵심요소는 세 가지다.

① 율법–인생아! 너는 죄인이다! (you are sinner!)
② 예언–인생아! 하나님께로 돌아오라! (turn to God!)
③ 복음–인생아! 예수 믿고 구원받으라! (believe in Jesus and be saved!)

그러므로 주님께서는 변화산상의 실물교훈을 통해서 우리 죄인들이 구원받는 기본과정은 모세를 통해 주신 율법 앞에서 자신이 죽을 수밖에 없는 죄인임을 깨닫고, 엘리야를 비롯한 선지자들의 예언의 말씀을 듣고 하나님 앞에 회개하고 돌아와서, 예수 그리스도의 복음을 듣고 예수님을 나의 왕 나의 구세주로 믿고 내 마음속에 영접할 때 비로소 죄인이 속죄구원을 받아 하나님의 자녀가 될 수 있다는 구원의 가장 기본적인 복음진리를 깨우쳐 주셨다.

그런데 예수님의 변화산상 사건의 마지막 대목에서

우리들이 특별히 주목해야 할 말씀은 누가복음 9:36의 "소리가 그치매 오직 예수만 보이시더라."라고 하신 말씀이다.

우리들이 변화산 성회의 신령한 은혜(거듭난 중생의 은혜)를 체험한 자들이라면 무엇보다도 반드시 "오직 예수"의 신앙으로만 변화되고 충만해져야 한다.

"오직 예수!" "오직 예수!" "오직 예수!" 할렐루야!

"오직 예수!"
"오직 예수!"
"오직 예수!"

Ⅲ. 우리는 왜 오직 예수님만이 구원인가? 에 대한 절대적인 이유를 올바로 알아야 한다.

성경에 나타난 구원의 복음이신 예수님의 생애에 가장 중요한 사건은 다섯 가지이다. ① 성령잉태, ② 십자가 죽음, ③ 부활, ④ 승천, ⑤ 재림이다. 따라서 우리는 왜! 오직 예수님만이 구원인가에 대한 절대적인 이유를 다섯 가지로 제시할 수가 있다.

① 예수님만이 하나님의 성령으로 잉태하사 죄 없는 몸으로 탄생하심으로 죄로 원수지간이 된 하나님

과 인간 사이를 화목시키실 수 있는 신인양성을 겸
전하신 유일하신 이상적인 중보자가 되시기 때문
이다(마 1:20-21, 히 4:15 참조). 그러므로 디모데
전서 2:5에 "하나님은 한 분이시오, 또 하나님과 사
람 사이에 중보도 한 분이시니 곧 사람이신 그리스
도 예수라."라고 선포해 주고 있다.

② 예수님만이 십자가에서 피흘려 죽으심으로 인류의
속죄구원을 완성하셨기 때문이다. 성경 66권은 맥
맥히 흐르는 속죄 구원의 대원칙이 있다. 그것은
곧 "누군가가 피 흘려 죽어야 누군가가 속죄 구원
을 받을 수 있다."(레 17:11, 히 9:22 참조). 그러기
에 에베소서 1:7에 보면 "우리가 그리스도 안에서
그의 은혜의 풍성함을 따라 그의 피로 말미암아 구
속 곧 죄 사함을 받았으니."라고 선포해 주고 있다.

③ 예수님만이 사망권세를 이기시고 부활하심으로 유
일하신 하나님의 아들로 인정받으셨기 때문이다
(벧전 1:3-4, 행 3:15 참조). 그래서 로마서 1:4에
보면 "성결의 영으로는 죽은 가운데서 부활하여 능
력으로 하나님의 아들로 인정되셨으니 곧 우리 주
예수 그리스도시니라."라고 말씀해 주고 있다.

④ 예수님만이 영원히 썩지 않을 부활체로 다시 살아

나사 하늘나라로 승천하심으로 하나님보좌 우편에 앉아 계시기 때문이다(행 2:30-33, 행 1:9-11 참조). 그러기에 히브리서 12:2에 보면 "믿음의 주요 또 온전케 하시는 이인 예수를 바라보자, 저는 그 앞에 있는 즐거움을 위하여 십자가를 참으사 부끄러움을 개의치 아니하시더니 하나님 보좌 우편에 앉으셨느니라."라고 증거해 주고 있다.

⑤ 예수님만이 장차 만왕의 왕으로 이 땅에 재림하심으로 우리를 하늘나라로 데려가사 영생복락을 누리게 하실 것이기 때문이다(살전 4:16-17, 히 9:28 참조).

그래서 요한복음 14:1-3 말씀을 보면 "너희는 마음에 근심하지 말라 하나님을 믿으니 또 나를 믿으라 내 아버지 집에 거할 곳이 많도다 그렇지 않으면 너희에게 일렀으리라 내가 너희를 위하여 처소를 예비하러 가노니 가서 너희를 위하여 처소를 예비하면 내가 다시 와서 너희를 내게로 영접하여 나 있는 곳에 너희도 있게 하리라."라고 선포해 주고 있다.

이상의 <u>다섯 가지 결정적인 이유</u> 때문에 예수님만이 오직 유일하신 우리의 구세주가 되신다는 사

실을 의심없이 믿으시기를 바란다 (마 1:21 참
조).

그러므로 결국 석가모니, 마호메트, 공자, 마리아...
등 어떤 성현군자도 구세주가 될 자격이 전혀 없는 결
정적인 이유는 그들은 이상의 다섯 가지 자격 조건을
전혀 갖추지 못했기 때문이다.

결론

사랑하는 성도여러분!

온 우주 공간에 헤아릴 수 없는 수많은 천체들이 운
행하고 있지만 태양은 오직 하나이다. 또한 이 세상
지구촌 안에 66억이 넘는 인간이 살고 있지만 나를 낳
으시고 나를 길러 주신 어머님은 오직 한 분이시다.
이와 마찬가지 맥락에서 이 세상에 수 많은 우상잡신
들이 우글거리고 있지만 우리를 창조하시고 우리의
생사화복을 전적으로 주관하시고 다스리시는 신은 오
직 여호와 하나님밖에 없는 줄 믿는다. 아울러 이 세

상에 수 많은 성현군자들이 왔다 갔지만 우리를 죄와 사망 가운데서 구원해 주신 구세주는 오직 한 분, 하나님의 독생자 예수 그리스도 밖에 없는 줄 의심없이 확신하기 바란다.

그러므로 누가 뭐라고 해도 만고불변의 절대절명의 복음진리는 "구원은 오직 예수 밖에는 없다."라는 진리이다.

성도 여러분!

본문 사도행전 4:12의 말씀을 다시 한번 기억하시기 바란다.

"다른 이로서는 구원을 얻을 수 없나니 천하 인간에 구원을 얻을 만한 다른 이름을 우리에게 주신 일이 없음이니라." 아멘.

"구원은 오직 예수!"

"구원은 오직 예수!"

"구원은 오직 예수!"

아멘! 할렐루야!

복음과 종교

지은이	이상남
펴낸이	김민영
펴낸날	2005. 8. 8.
등록번호	제22-1453호
펴낸곳	도서출판 최선의 삶
	(우 137-876) 서울시 서초구 서초동 1589-5
	센츄리 오피스텔 511호
전 화	587-4737
팩 스	587-4733

* 책값은 표지에 있습니다.

ISBN	89-88657-27-6
총 판	(주)기독교출판유통
전 화	(031) 906-9191

E·Mail: Malipres@hitel.net

최선의 삶은 독자의 의견에 항상 귀기울이고 있습니다.